BEI GRIN MACHT SICH IHR WISSEN BEZAHLT

AF138326

- Wir veröffentlichen Ihre Hausarbeit,
  Bachelor- und Masterarbeit

- Ihr eigenes eBook und Buch -
  weltweit in allen wichtigen Shops

- Verdienen Sie an jedem Verkauf

Jetzt bei www.GRIN.com hochladen und kostenlos publizieren

Dienstleistungsqualität und Konsumentenverhalten. Analyse mit Fragebogen, S-O-R Modell und Rollenkonzept

GRIN :)

Bibliografische Information der Deutschen Nationalbibliothek:

Die Deutsche Nationalbibliothek verzeichnet diese Publikation in der Deutschen Nationalbibliografie; detaillierte bibliografische Daten sind im Internet über http://dnb.d-nb.de abrufbar.

ISBN: 9783389088760
Dieses Buch ist auch als E-Book erhältlich.

Das Buch bei GRIN: https://www.grin.com/document/1518077

BETRIEBSWIRTSCHAFT & MANAGEMENT

SRH FernHochschule Riedlingen

Studiengang:	Betriebswirtschaft & Management

Semester:	6
Modul:	Dienstleistungen und Servicemanagement
Modul Art:	Einsendeaufgabe

Datum:	20.10.2016

Inhaltsverzeichnis

Abbildungsverzeichnis

Tabellenverzeichnis

Abkürzungsverzeichnis

i.A.a	=	in Anlehnung an
bzw.	=	beziehungsweise
bspw.	=	beispielsweise

1 Fragebogen

1.1 Dienstleistungsqualität

1.1.1 Definition Dienstleistungsqualität

Die Dienstleistungsqualität ist die Fähigkeit eines Anbieters, die Beschaffenheit einer bedarfsgerechten Leistung auf Grund von Kundenerwartungen auf einem bestimmten Anforderungsprofil zu erstellen. Sie ergibt sich aus der Summe der Merkmale und Eigenschaften von Dienstleistungen, gewissen Anforderungen und Erwartungen gerecht zu werden. Es können drei Phasen der Dienstleistungsqualität untersucht werden, die wie nach dargestellt werden können.

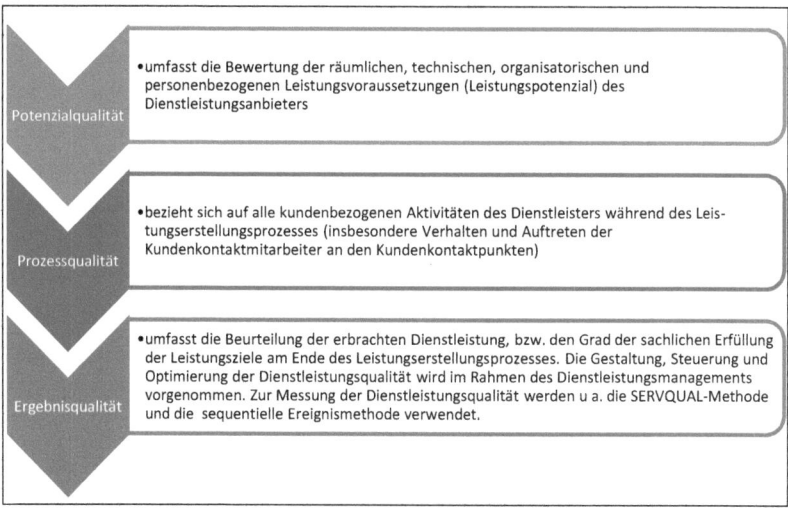

Abbildung 1: Phasen der Dienstleistungsqualität[1]

Nachfolgend wird nun besonders Augenmerk auf die Ergebnisqualität gelegt, dadurch konnten einige Ansätze herausgearbeitet werden die dafür besonders geeignet sind.

---

[1] Eigene Darstellung i.A.a. Stiller, G.: (04.09.2016), www.Wirtschaftslexikon24.com.

1.1.1 Messung der Dienstleistungsqualität

Die SERVQUAL-Methode wurde 1980 entwickelt und dient der Zufriedenheitsmessung in einem Dienstleistungsunternehmen, dabei ist das Unternehmen selbst der Gegenstand der Beurteilung. Für die Ermittlung dient ein standardisierter Fragebogen mit 22 Items, die auf fünf Qualitätsdimensionen aufgeteilt sind. Die erste Dimension ist „Annehmlichkeit des tangiblen Umfelds", darauf folgt die „Zuverlässigkeit", die „Reaktionsfähigkeit", die „Leistungskompetenz" und abschließend das „Einfühlungsvermögen". Der Fragebogen ist mit jeweils zwei Aussagen aufgebaut, wobei eine Doppelskala zur Beurteilung dient. Zum einen kann diese eine Aussage „so sollte es sein" enthalten, hiermit kann die Erwartung an die Dienstleistungsqualität hinterfragt werden, und zum andren kann die zweite Aussage das „so ist es" hinterfragen sein, hierbei wird nach der erlebten Qualität eines Leistungsprozesses gefragt mit dem Fokus auf eine Dienstleistung. Mit Hilfe einer 7er-Skala kann der Kunde sein Urteil von „stimme vollkommen zu" bis „lehne vollkommen ab" abgeben. Bedingt durch die sich ergebende Differenz zwischen beiden Aussagen lassen sich Werte zwischen -6 und +6 abzeichnen. Daraus kann abgeleitet werden, dass je größer dieser Wert ist, desto höher hat der Kunde die wahrgenommene Dienstleistung bewertet. Für eine gesamte Bewertung wird zunächst eine Summe der einzelnen Items gebildet und daraus ein Mittelwert errechnet. Eine weitere Alternative zu der bereits diskutierten Doppelskala ist die Einfachskala, hierbei muss der Kunde lediglich das Niveau der wahrgenommenen Dienstleistung bewerten. Als Beispiel hierfür könnte die Frage „wie gefallen Ihnen unsere Räumlichkeiten" dienen, wo der Kunde bspw. mit „sehr gut" bewerten kann.[2] Letztlich kann zusammengefasst festgehalten werden, dass der SERVQUAL-Ansatz durch seine Ganzheitlichkeit und Einfachheit der Rangfolgenbildung besticht. Darauf ist auch die Beliebtheit des Ansatzes zurückzuführen, aufgrund der praxisnahen Umsetzungsmöglichkeiten. Die Nachteile dieses Ansatzes, wie bspw. die vielfältigen Kombinationsmöglichkeiten relevanter Ausprägungen und Merkmalen, bei gleichzeitiger freien Wahl von Designs im Rahmen der Untersuchung, hat dieser Ansatz mit einigen Modifikationen das Potenzial als Messinstrument für Anforderungen an die Servicequalität in vielen Branchen Anklang gefunden. Im Laufe der Zeit haben sich einige verschiedene Erweiterungen des SERVQUAL gebildet, die in nachfolgenden Branchen angesiedelt sind.[3]

---

[2] Vgl. Meffert, H. et al.: 2015, S. 221. ff.
[3] Vgl. ebd.: 2015, S. 223.

1.1.2 Fragebogen

Der Fragebogen zur Ermittlung der Dienstleistungsqualität in der Dienstleistungsbranche umfasst drei Seiten. Die erste Seite ist die Einleitung und dient dazu allgemeine Hinweise auszuformulieren. Darin wird beantwortet wer die Befragung durchführt, wer der Ansprechpartner ist, um Hilfestellung zu erhalten, welchem Zweck die Befragung dient, was mit den Ergebnissen passiert, wer befragt wird, und wie viel Zeit man dafür investieren muss. Bei den Vorinformationen wird darauf geachtet, dass diese nicht zu ausführlich sind um einen negativen Einfluss auf die Aussagekraft der Antworten zu vermeiden. Des Weiteren werden drei wichtige Bestandteile berücksichtigt, es wird auf die Nützlichkeit und die Relevanz hingewiesen, es wird verdeutlicht, dass die Befragung einen hohen Stellenwert besitzt, und es wird darüber informiert, dass mit den erhobenen Daten streng vertraulich umgegangen wird. Auf der zweiten Seite sieht der Befragte wie eine beispielhafte Frage aussehen kann. Ferner ist auf dieser Seite zu sehen wie Antworten gekennzeichnet werden, z.B. durch ankreuzen oder durch ausführliche Beantwortung. Weiter ist dort festgehalten ob es zu Mehrfachantworten kommen kann und wie dann verfahren wird. Das Erscheinungsbild sowie die Motivation spielen eine wesentliche Rolle für den Erfolg der Befragung, hierbei kann Seriosität, die Wichtigkeit, sowie Handbarkeit vermittelt werden. Bei dem Format wurde darauf geachtet ein Standard DIN A4 Format zu benutzen, um Irritationen entgegenzuwirken. Das Layout wurde so gewählt, dass es für den Befragten auf den ersten Blick ersichtlich ist, wie auf die Frage zu antworten ist. Das Design wurde, je nach Dimension, in verschiedene Farben unterteilt, um dem Befragten einen roten Faden zu bieten, damit er auf den ersten Blick erkennen kann wo er sich gerade befindet. Fragen und Antworten sind immer auf der jeweiligen Seite abgebildet damit kein unnötiges Umblättern entsteht.[4]

In der Praxis lassen sich drei verschiedene Fragetypen differenzieren die sich besonders für schriftliche Befragungen eignen, offene Fragen, geschlossene Fragen und die halboffenen Fragen, die folgende Merkmale aufweisen.

---

[4] Vgl. Pratzner, A. (04.09.2016), www.fragebogen.de.

offene Fragen:

- Die Antwort des Befragten könnte an der Frage vorbeigehen.
- Die Antwortqualität hängt davon ab wie sich der Befragte ausdrückt.
- Die Auswertung ist aufwändig, da jede Antwort einzeln zuzuordnen und zu interpretieren ist.
- Oft werden solche Fragen nicht ausgefüllt, da der Befragte darin zu viel Aufwand sieht.

geschlossene Fragen:

- Gut auszuwerten, sowie hohe Aussagekraft.
- Schnell zu beantworten, wenig Zeitaufwand für den Befragten.
- Allerdings können sich die Befragten nicht frei entfalten in der Formulierung der Antwort.
- Gefahr, dass sich bestimmte Antwortkategorien überschneiden oder sogar fehlen.

halboffene Fragen:

- Eine Wahl beider oben genannter Fragen als Kombination.
- Praktisch um Themen, die nicht schlüssig sind, einzugrenzen.
- Durch die Kategorie „S" wird dem Befragten überlassen, wie er sich dazu äußern will.[5]

Die Auswahl wird zwischen geschlossenen und halboffenen Fragen stattfinden, da offene Fragen zu viel Interpretationsspielraum bieten, und diese sehr schwer auswertbar sind. Es werden halboffene Fragen verwendet, da sie bei der Auswertung ähnlich wie die geschlossenen Fragen sind, aber auch, um den Befragten in der Kategorie "Sonstiges" eine Selbstentfaltung einzuräumen. Die Fragen werden:

- einfach, kurz und konkret formuliert
- keine Fremdworte enthalten
- nicht suggestiv sein und
- die befragte Person nicht überfordern[6]

---

[5] Vgl. Stadelmayer, R. (07.09.2016), www.berufsstrategie.de.
[6] Vgl. Porst, R.: 2014, S. 99. f.

1.1.3 Dimensionen und Indikatoren

Die Aufteilung des Strukturbaums erfolgte zunächst anhand der beiden Soll- und Ist-Größen und daraufhin in weiteren fünf verschiedenen Dimensionen, die an dieser Stelle erläutert werden, um einen Bezug zu den theoretischen Aspekten zu erhalten. Die erste Dimension befindet sich in der Soll-Größe und stellt die „Erwartung an die Dienstleistung" aus der Kundensicht dar. Daraus konnten vier Untergruppen abgeleitet werden, die erste ergründet was für eine Art von Dienstleistung vom Kunden erwartet wird. Ein weiterer Aspekt war das Qualitätsziel der Dienstleistung, sowie ob die Erwartungen übertroffen wurden oder eventuell sogar enttäuschend waren. Anhand der nun folgenden Untersuchung der Ist-Größe kann die aktuelle Zufriedenheit der Kunden festgestellt werden. Dieses Vorgehen wurde bereits in den theoretischen Aspekten diskutiert. Die erste Dimension der Soll-Größe ist die „Zufriedenheit mit der Dienstleistung", diese ist durch die Effektivität, Effizienz und der funktionalen Einbeziehung definiert. Eine weitere Dimension stellt die „Zufriedenheit mit dem Ergebnis" dar, bei der der Kunde die Zielerreichung innerhalb der vorgegebenen Zeit bewerten kann, also auch, ob bestimmte Qualitätsmerkmale erfüllt wurden und ob es Probleme während der Umsetzung gab. Des Weiteren kann in der nächsten Dimension die „Zufriedenheit mit den Mitarbeitern" bewertet werden. Hierzu stehen unter anderem die Fachkompetenz, Verhalten, Rollenidentität und Probleme im Mittelpunkt. Dies kann zu internen Zwecken wiederverwendet werden, wenn es, bspw. bei einem erneuten Auftrag darum geht, welcher Mitarbeiter schon bei welchem Kunden gearbeitet hat und ob er schon Prozesskenntnisse mitbringt. Als abschließende Dimension gilt es die „Gesamtzufriedenheit" bewerten zu lassen um zukünftige Rückschlüsse daraus ziehen zu können. Diese Dimension teilt sich in drei Fragebereiche auf, zunächst wird nach der Zufriedenheit während der Dienstleistungsperiode gefragt, um anschließend auf die Dienstleistungsbegegnung zu verweisen und zu erfahren, ob man auch in Zukunft weiterhin zusammen Projekte abwickelt. Um nun einen übersichtlichen Eindruck zu erhalten wie ein solches Vorgehen dargestellt werden kann, wurde nachfolgend der komplette Strukturbaum abgebildet, in dem alle Dimensionen anzutreffen sind und die Vernetzung untereinander dargestellt wird.[7]

---

[7] Diese Überlegungen stammen aus der Expertise des Verfassers der vorliegenden Arbeit.

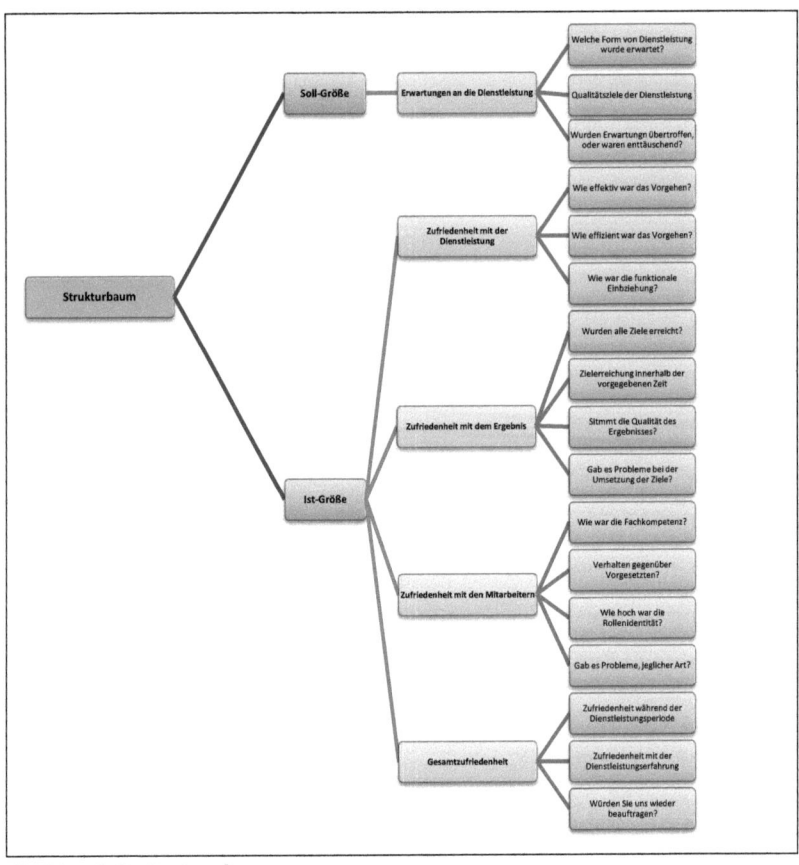

Abbildung 2: Strukturbaum[8]

---

[8] Eigene Darstellung i.A.a. Erbel, C.: 2003, S. 54. f.

2 S-O-R Modell

2.1 Einführung in das S-O-R Modell

Das S-O-R Modell, auch unter Stimulus-Organismus-Reaktions-Modell bekannt, dient dazu, die Grenzen und Mängel der S-R- Modelle zum Käuferverhalten zu vermindern. Durch eine differenzierte Annahme über das individuelle Verhalten und Wahrnehmung eines Stimulus werden verschiedene Personen berücksichtigt, besonders werden die nicht sichtbaren Verarbeitungsprozesse im Organismus betrachtet.[9] *„Ein Reiz (Stimulus S) trifft auf einen Organismus (0) und bewirkt eine Reaktion (R). Frühere Ansätze kümmerten sich nicht um die sog. intervenierende Organismus Variable 0: Ein Reiz (S) bewirkte eine Reaktion (S R). Das S-O-R-Modell wird erweitert durch Einbeziehung der Konsequenzen (C), die auf die Reaktion folgen: positive (C+) oder negative (C—)."[10]*

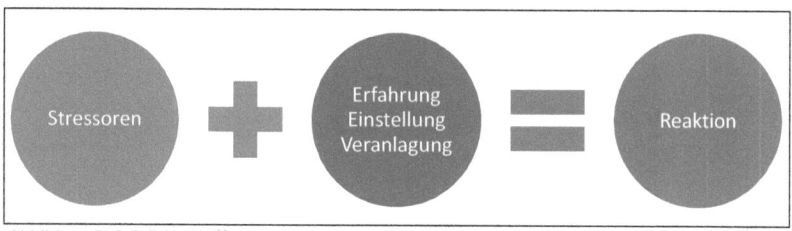

Abbildung 3: S-O-R Modell[11]

Zu den Stressoren gehören unter anderem folgende drei Gruppen: Physische-, psychische-, und soziale Stressoren.

Physische Stressoren:

- Hitze
- Hunger
- Infektionen
- Lärm
- Reizüberflutung und
- schwere körperliche Arbeit

[9] Vgl. Stiller, G.: (17.09.2016), www.Wirtschaftslexikon24.com.
[10] Stiller, G.: (17.09.2016), www.Wirtschaftslexikon24.com.
[11] Eigene Darstellung i.A.a. Bauer, A. (1709.2016), www.arbeitsratgeber.com.

Psychische Stressoren:

- Versagensängste
- Hetze
- Fremdbestimmung
- Kontrollverlust
- Zeitmangel
- Unter-/Überforderung

Soziale Stressoren:

- Isolation
- ungebetener Besuch
- Verlust vertrauter Menschen
- Mobbing
- Konflikte

Der eigentliche Stress entsteht meist erst durch das Zusammenwirken von den einzelnen Stressoren, der Beurteilung der Situation und der Fähigkeit des Einzelnen, damit umzugehen.[12]

2.1.1 Werbeanzeige BMW X5

Es wurde die unten aufgeführte Internetwerbeanzeige des BMW X5 ausgewählt.

Anmerkung der Redaktion: Die Abbildung wurde aus urheberrechtlichen Gründen entfernt.

Abbildung 4: Werbeanzeige BMW X5[13]

---

[12] Vgl. Bauer, A. (17.09.2016), www.arbeitsratgeber.com.
[13] Quelle: Benny (17.09.2016), www.bimmertoday.de.

2.1.2 Analyse anhand des S-O-R Modells

Zunächst einmal wird nun anhand des S-O-R-Modells die oben aufgeführte Internetwerbeanzeige des BMW X5 analysiert, um daraufhin die Kausalität bzw. den Zusammenhang zu dokumentieren. Die BMW AG ist die Muttergesellschaft der Bayrischen Motoren Werke, einem der innovativsten Automobil- und Motorradhersteller mit Sitz in München.

Als erstes wird das Gesamtbild betrachtet, um daraufhin auf die Details einzugehen. Zunächst wird betrachtet, wie es wirkt und was es aussagen möchte. Es suggeriert auf den ersten Blick ein eher kalt wirkendes Bild, welches einen neuen braunen BMW X5 xDrive zeigt, der eine offroad-Strecke mit übermäßiger Schneehöhe im Gebirge entlang fährt. Des Weiteren ist der Slogan „31cm SCHNEEHÖHE. 100% FAHRFREUDE" aufgeführt. Der Slogan versucht darauf hinzuweisen, dass es für einen BMW X5 keine schlechten Wetterbedingungen gibt, sondern immer Fahrfreude Programm ist. Darunter ist ein weiterer Text aufgeführt „BMW xDRIVE. DAS INTELLIGENTE ALLRADSYSTEM. JETZT IN ÜBER 80 MODELLEN.". Diese Aussage unterstreicht nochmals die zuvor genannte These, dass bei jeder Wetterlage Freude aufkommt einen BMW zu fahren. Ferner sind unterhalb des Slogans folgende Daten erfasst worden. Zum einen der Kraftstoffverbrauch und zum anderen die Emissionen. Weiter ist ein QR Code zu sehen, der auf eine Seite verlinkt ist, auf der mehr zu BMW xDrive berichtet wird. Der erste Eindruck der Werbeanzeige ist sehr stimmig was Farben angeht, und von der Anordnung der Elemente mit den Schriften. Die Schriftgröße ist gut lesbar und hebt die wichtigsten Wörter hervor. Die Schriftfarbe ist mit einem dunklen Grau besonders gut forciert. Das gesamte Bild macht einen sehr wertigen, modernen und starken Auftritt des neuen BMW X5. Zudem wird eine Knappheit vermittelt, dadurch bedingt, dass im Text der Werbeanzeige eine limitierte Stückzahl angegeben ist. Dem Käufer wird hierbei eine begrenzte Anzahl des Produkts vermittelt, vergleichbar mit dem Kaufargument „nur solange der Vorrat reicht". Dadurch entsteht eine Unsicherheit des potenziellen Käufers in Bezug auf die verfügbare Menge. Ferner entsteht ein gewisser Kaufdruck für den Interessenten.[14]

---

[14] Vgl. Crockford, G. et al.: 2013, S. 191.

Mit diesen gewonnen Eindrücken lassen sich nun folgende Dinge von dem S-O-R-Modell ableiten, bzw. interpretieren. Die bereits genannten Eindrücke der Werbeanzeige sind Stressoren die zuvor behandelt wurden. Auf diese Einwirkung des Stressors auf unser Befinden in Verbindung zu unserer Einstellung gegenüber diesem Produkt wird es zu einer Reaktion kommen und im besten Fall zu einer positiven Kaufentscheidung.

2.1.3 Intervenierende Variablen und Einflüsse

Nach der zuvor durchgeführten Analyse erfolgt nachfolgend nun die Auswertung mit Hilfe einer Übersichtstabelle, in der die wichtigsten Stressoren aufgelistet wurden.

Physisch	Psychisch	Sozial
Wahrnehmung	Stress	Zugzwang
Sicherheit	Zeitdruck	Wohlstand

Tabelle 1: Stressoren[15]

Zunächst erzeugt das Bild der Werbeanzeige eine positive Wahrnehmung mit dem Erscheinungsbild, das durch eine gewisse Art von Stress geprägt ist. Die Knappheit führt letztlich zum Zugzwang, das Produkt zu erwerben da es nur begrenzt vorhanden ist, bzw. erscheint.

Des Weiteren suggeriert die Werbeanzeige eine gewisse Sicherheit in Bezug zu glatter Umgebung. Dies wiederum ruft einen Druck hervor, dem Kaufgedanke nachzugehen um ohnehin auch Wohlstand nach außen zu projizieren.

Nachfolgend wir nun ein Design für ein Rollenkonzept herausgearbeitet und untersucht.

---

[15] Eigene Darstellung i.A.a Überlegungen des Verfassers der vorliegenden Arbeit.

3 Rollenkonzept

3.1.1 Begrifflichkeiten und Modelle

In den letzten Jahren wurde in der Wirtschaftsinformatik und der Betriebswirtschaft intensiv an einer Erstellung von Vorgehensmodellen zur Generierung von Dienstleistungen gearbeitet. Unter dem Begriff Service Engineering ist eine Vielzahl von Modellen und Herangehensweisen zu finden. Durch Fehler in der Dienstleistungsentwicklung, in der Erbringungsphase der eigentlichen Dienstleistung, entstehen Qualitätsverluste und Nachteile in der Ressourcen Allokation. Um eine qualitative hochwertige Dienstleistung zu etablieren erfordert es eine systematische Entwicklung und Verwendung von geeigneten Modellen, Methoden und Werkzeugen. Um erfolgreich eine Dienstleistungsentwicklung durchzuführen sind nachfolgend einige Modelle exemplarisch untersucht worden.

Mit den linearen Entwicklungsschemata lassen sich lineare Phasenmodelle entwickeln. Diese sind durch einen sequenziellen Ablauf nach dem Top-Down Verfahren gekennzeichnet. Erst wenn die vorhergehende Phase abgeschlossen ist, kann eine neue Phase beginnen, es kann zu keinem Rücksprung in die vorhergehende Phase stattfinden. Dadurch ist das Phasenmodell sehr übersichtlich, gleichzeitig ist auch das ein Nachteil, nicht flexibel genug zu sein.

Das iterative Entwicklungsschemata ist vom Aufbau gleich wie das lineare Modell, außer dass hier die Möglichkeit besteht, einen Rücksprung zu machen. Somit kann im Fehlerfall in die vorhergehende Phase zurückgesprungen werden um den Fehler zu beseitigen.

Bei den nebenläufigen Entwicklungsschemata ist der Fokus eine parallele Entwicklung zu durchlaufen. Konkret heißt das, dass eine Phase nicht beendet sein muss, bevor eine neue beginnt. Allerdings ist der personelle Aufwand sehr hoch und stellt einen hohen Anspruch an die Arbeitsorganisation.

Ein weiteres Modell ist das Prototyping, bei dem im Ergebnis einer jeden Phase ein Prototyp als Muster implementiert wird. Dadurch wird die Kommunikationsbasis sehr früh verfügbar für den Nutzer und kann überprüft werden, bevor dann die nächste Phase beginnt. Die Überprüfung erfolgt als kontinuierlicher Verbesserungsprozess.

Das letzte Modell ist das evolutionäre Entwicklungsschema, hierbei erfolgt die Produktentwicklung phasenweise innerhalb eines Zyklus. Dieser Ablauf kann sich beliebig oft wiederholen, wobei es ständig zu einer Überprüfung, Anpassung und Erweiterung des Produkts kommt.

3.1.2 Design für Dienstleistung

Nachfolgend kann eine Checkliste zugrunde liegen, die eine Absicherung für Unternehmen darstellen, um alles im Blick zu behalten bei der Entwicklung eines Dienstleistungsdesigns. Dabei ist das Wort SERVICE von enormer und gleichzeitig zentraler Bedeutung.

- Structure: Wie ist die Dienstleistung aufgebaut?
- Economics: Der Business-Teil der Dienstleistung
- Requirements: Was muss die Dienstleistung leisten?
- Validation: Wie wird Qualität definiert und nachgewiesen?
- Illustration: Wie präsentieren wir die Dienstleistung Interessenten?
- Components: Woraus besteht die Dienstleistung?
- Ergonomics: Wie erlebt der Kunde die Dienstleistung und wie interagiert er mit ihr?[16]

Zunächst geht es bei Structure darum, dass ein Unternehmen zu Beginn sich folgende Frage stellen sollte: Wie ist die Dienstleistung aufgebaut und was beinhaltet diese. Im Business Teil der Dienstleistung oder auch Economics geht es um die finanziellen Chancen mit der Dienstleistung, und in wie weit sich das Unterfangen auch lohnen könnte. Unter dem Begriff Requirements ist zu verstehen was die Dienstleistung als solches leistet und zur Wertschöpfung des

---

[16] Horton, G.: (14.10.2016), www.zephram.de.

Kunden beiträgt. Kurz gesagt heißt Dienstleistung auch dienen und leisten, zur richtigen Zeit, am richtigen Ort, zur gewünschten Qualität. Validation steht für die Qualitätssicherung der Dienstleistung: Wie kann diese nachgewiesen werden bzw. dauerhaft erbracht werden? Es wäre denkbar, dass zur Sicherung von Qualität auch Kundenfragebögen ausgearbeitet werden und zum Einsatz kommen, um die Qualität nachhaltig zu untersuchen. Der Begriff Illustration steht für das Präsentieren der Dienstleistung. Es sind verschiedene Szenarien denkbar, von Radiowerbung über TV Werbung bis hin zu Internetwerbeanzeigen. Unter Components wird verstanden was die Dienstleistung alles beinhaltet, welchen Umfang sie hat, welchen Anfang, welches Ende. Hier wird definiert wie die Dienstleistung konkret auszusehen hat. Den Abschluss macht Ergonomics, dort ist es wichtig herauszufinden was der Kunde von der Dienstleistung hält und wie er damit umgeht, bzw. interagiert. Dies dient zwangsläufig dazu, um die Dienstleistung kontinuierlich weiter zu entwickeln und zu verbessern. Es gibt gegenwärtig eine ganze Reihe an Dienstleistungen auf dem Markt. Einige wurden nun zusammengetragen, um sich eine Vorstellung davon machen zu können.

- Gesundheitsdienstleistungen
- Soziale Dienstleistungen
- Glücksspiele mit geldwertem Einsatz
- Finanzdienstleistungen
- Bau von Gebäuden, erhebliche Umbaumaßnahmen
- Vermietung von Wohnraum
- Beförderung von Personen
- Beförderung von Waren zu einem bestimmten Termin oder in einem bestimmten Zeitraum (z.B. Buchung eines Umzugsunternehmens)
- Buchung von Mietwagen für einen bestimmten Zeitraum
- Buchung eines Hotelzimmers oder ähnlicher Beherbergung für einen bestimmten Zeitraum
- Lieferung von Speisen und Getränken zu einem bestimmten Termin oder in einem bestimmten Zeitraum (z.B. Bestellung eines Cateringservice)[17]

---

[17] Zentrum für Europäischen Verbraucherschutz e.V. (14.10.2016), www.evz.de.

Literaturverzeichnis

Crockford, G./ Ritschel, F./ Schmieder, U.: Hadnel in Theorie und Praxis. 1 Auflage. Springer Verlag. Wiesbaden. 2013

Erbel, C.: Qualitätssicherung von Dienstleistungsbegegnungen. Bedingungen der Kundenzufriedenheit und des Interaktionsverhaltens. 1. Auflage. Deutscher Universitäts- Verlag. Wiesbaden. 2003

Meffert, H./ Bruhn, M./ Hadwich, K.: Dienstleistungsmarketing. Grundlagen-Konzepte- Methoden. 8. Auflage. Springer Fachmedien. Wiesbaden. 2015

Porst, R.: Fragebogen. Ein Arbeitsbuch. 4. Auflage. Springer Verlag. Wiesbaden. 2014

SRH FernHochschule Riedlingen: Dienstleistungsmanagement. 4. Auflage. EPUB 0650-04. Riedlingen. 2014

Internetquellenverzeichnis

Arbeitsratgeber: Stress im Job. 2016. URL: http://www.arbeitsratgeber.com/stress-im-job/ (17.09.2016).

Bimmer Today: BMW xDrive: Neue Werbekampagne – 365 Jahreszeiten, 100% Fahrfreude. 2016. URL: http://www.bimmertoday.de/2013/11/28/bmw-xdrive-werbung-2013-werbe-kampagne/ (17.09.2016).

Horton, G.: SERVICE: Eine Checkliste für das Dienstleistungs-Design. URL: http://www.zephram.de/blog/service-design/service-eine-checkliste-fuer-das-dienstleistungs-design/ (14.10.2016).

O. V : Dienstleistungsentwicklung. 2016. URL: https://sundoc.bibliothek.uni-halle.de/diss-online/08/08H189/t5.pdf

Pratzner, A.: Aufbau des gesamten Fragebogens. 2016. URL: http://www.fragebogen.de/aufbau-des-fragebogens.htm (10.09.2016).

Stadelmayer, R.: Die wichtigsten Fragetechniken. 2016. URL: https://www.berufsstrategie.de/bewerbung-karriere-soft-skills/rhetorik-retorik-fragetechnik.php (10.09.2016).

Stiller, G.: Dienstleistungsqualität. 2016. URL: http://www.wirtschaftslexikon24.com/d/dienstleistungsqualitaet/dienstleistungsqualitaet.htm (10.09.2016).

Stiller, G.: Dienstleistungsqualität. 2016. URL: http://www.wirtschaftslexikon24.com/e/s-o-r-modelle/s-o-r-modelle.htm (10.09.2016).

Zentrum für Europäischen Verbraucherschutz e.V.: Was gilt bei Dienstleistungen. URL: http://www.evz.de/de/verbraucherthemen/einkaufen/fliegende-haendler/widerrufsrecht/was-gilt-bei-dienstleistungen/ (14.10.2016).

Anlagen

Ziel der Befragung

Der Fragebogen ist ein Teil eines groß angelegten Forschungsprojekts indem es darum geht, die Kundenzufriedenheit in der Dienstleistungsbranche zu messen und zu bewerten.

Um auf Dauer gesehen diese Zufriedenheit weiter im Mittelpunkt weiter zu steigern und noch mehr zu verbessern.

Es werden verschiedene Kategorien abgefragt, die es am Ende gilt auszuwerten, um einen Standpunkt der IST Situation zu bekommen.

Fragebogen Konzept

Im nachfolgenden Fragebogen werden 6 Kategorien befragt:

- Frage 1-3: Allgemeine Fragen
- Frage 4-6: Erwartungen an die Dienstleistung
- Frage 7-9: Zufriedenheit mit der Dienstleistung
- Frage 10-13: Zufriedenheit mit dem Ergebnis
- Frage 14-17: Zufriedenheit mit den Mitarbeitern
- Frage 18-20: Gesamtzufriedenheit

Das beantworten der Fragen sollte nicht länger als 20 Minuten dauern.

Diese Befragung erfolgt unter strengsten Datenschutz Richtlinien, die somit ausschließen, dass Ihre Daten an Dritte weitergegeben werden, noch anderer Unfug damit getrieben wird. Die Ergebnisse werden ausschließlich zur Ergebnispräsentation ausgewertet und im Forschungsprojekt vorgeführt.

Wenn die Untersuchung abgeschlossen ist wird Ihnen das Ergebnis der Befragung zugesandt.

Vielen Dank das Sie an unsere Umfrage teilnehmen!

Nachfolgend ist ein Beispiel aufgeführt wie eine Frage aussehen könnte.

Fragenbogen Kundenzufriedenheit	Kategorie	Auswahl Möglichkeiten	hier Ankreuzen	Bitte in dieser Spalte näher darauf einge hen
		Allgemeine Fragen		
1	Wann haben Sie ihre Ausbildung abgeschlossen?	a	Vor 1 bis 3 Jahren		
		b	Vor 5 bis 10 Jahren		
		c	Vor über 15 Jahren	✕	

Art der Beantwortung

Die meisten Fragen sind wie folgt zu beantworten. Es ist immer nur 1 Kreuz zu setzen in der Spalte hinter der Frage.

Manche Fragen sind halboffen, das heißt zuerst Ihre bevorzugte Auswahl ankreuzen, und dahinter dann näher darauf eingehen, dort wird dann gebeten in kurzen eigenen Worten die Meinung zu schildern.

Hilfestellung

Falls Sie an irgendeiner Stelle Schwierigkeiten mit der Beantwortung haben, sprechen Sie uns bitte direkt darauf an. Wir werden uns umgehend um Sie kümmern.

Fragenbogen zur Kundenzufriedenheit in der Dienstleistungsbranche Teil 1	Kategorie		Auswahl Möglichkeiten	hier Ankreuzen	Bitte in dieser Spalte näher darauf eingehen
			Allgemeine Fragen		
Frage 1.	Ihr Geschlecht?	a	Weiblich		
		b	Männlich		
Frage 2.	Wie alt sind Sie?	a	Unter 18		
		b	Zwischen 18 und 26		
		c	Zwischen 26 und 38		
		d	Zwischen 38 und 52		
		e	Älter als 52		
Frage 3.	Wie lange arbeiten Sie bereits in dem Unternehmen?	a	Zwischen 1 und 5 Jahre		
		b	Zwischen 5 und 10 Jahre		
		c	Über 10 Jahre		
			Erwartungen an die Dienstleistung		
Frage 4.	Welche Form von Dienstleistung wurde erwartet?	a	Ja, voll und ganz		
		b	Weitgehend		
		c	Nein, andere Erwartungen.....(Welche?)		
Frage 5.	Welche Qualität wurde dabei erwartet?	a	Überdurchschnittliche Qualität		
		b	Durchschnittliche Qualität		
		c	Zufriedenstellende Qualität		
Frage 6.	Wurden die Erwartungen erfüllt?	a	Ja, insbesondere....(Weil?)		
		b	Meistens		
		c	Nein, es sollte besser gehen		
			Zufriedenheit mit der Dienstleistung		
Frage 7.	Wie effektiv war das Vorgehen unserer Firma aus Ihre Sicht?	a	Sehr zielgerichtet und effektiv		
		b	Effektiv		
		c	Teils/teils		
		d	Uneffektiv		
		e	Sehr unzufriedenstellend, ineffektiv		
Frage 8.	Wie würden Sie die Effizienz beurteilen?	e	Sehr zufriedenstellend		
		b	Weitgehend in Ordnung		
		c	Sehr ineffizient		
Frage 9.	Wurde Ihre Firma immer in die funktionalen Themen einbezogen?	a	Ja, sehr positives Beteiligen		
		b	Teils/teils		
		c	Keine Anteilnahme		

Fragenbogen zur Kundenzufriedenheit in der Dienstleistungsbranche Teil 2	Kategorie		Auswahl Möglichkeiten	hier Ankreuzen	Bitte in dieser Spalte näher darauf eingehen
			Zufriedenheit mit dem Ergebnis		
Frage 10.	Wurden alle Ziele erreicht?	a	Ja		
		b	Teils/teils		
		c	Nein....(Warum?)		
Frage 11.	Wurden die Ziele innerhalb der festgelegten Zeit erreicht?	a	Ja		
		b	Teils/teils		
		c	Nein, so gut wie keines der Ziele....(Weil?)		
Frage 12.	Hat die Qualität der Ergebnisse gestimmt?	a	Ja, die Qualität war Spitze		
		b	Ja, absolut gut		
		c	Hätte etwas besser sein können		
		d	Nein, war unzureichend		
Frage 13.	Gab es größere Probleme bei der Umsetzung der Ziele?	a	Nein, es gab keine Probleme		
		b	Ja, aber Sie hielten sich in Grenzen		
		c	Ja, es gab sehr viele Probleme		
			Zufriedenheit mit den Mitarbeitern		
Frage 14.	Wie beurteilen Sie die Fachkompetenz unserer Mitarbeiter?	a	Hervorragend		
		b	Sehr Gut		
		c	Könnte besser sein		
		d	Absolut unzureichend....(Beschreiben)		
Frage 15.	Wie war das Verhalten unserer Mitarbeiter gegenüber Vorgesetzten?	a	Immer einwandfrei		
		b	Gut		
		c	Ganz in Ordnung		
		d	Verbesserungsbedürftig.....(Beschreiben)		
Frage 16.	Wie gut haben die Mitarbeiter Ihre Rolle vertreten?	a	Sehr gut		
		b	Teils/teils		
		c	nicht sehr überzeugend		
Frage 17.	Kam es zu Problemen mit einem unserer Mitarbeiter?	a	Nein, alles bestens		
		b	Ab und zu gab es Meinungsverschiedenheiten		
		c	Ja, es gab diverse Vorfälle....(Beschreiben)		
			Gesamtzufriedenheit		
Frage 18.	Wie war Ihre Zufriedenheit während der Dienstleistungsperiode?	a	Sehr zufrieden die gesamte Zeit über		
		b	Positiv gestimmt		
		c	Teils/teils		
		d	Anregungen zu Verbesserungen....(Beschreiben)		
Frage 19.	Wie würden sie diese Dienstleistungserfahrung bewerten?	a	Positiv		
		b	Neutral		
		c	Negativ		
		d	Anregungen zu Verbesserungen....(Beschreiben)		
Frage 20.	Würden Sie auch in Zukunft weiter mit unserem Unternehmen zusammen agieren?	a	Ja, sehr wahrscheinlich		
		b	Tendenziell ja		
		c	Eher unwahrscheinlich		
		d	Was könnten wir verbessern....(Beschreiben)		